Maravillas de la naturaleza
El arco iris

Dana Meachen Rau

Marshall Cavendish
Benchmark
New York

Tú puedes crear un arco iris. El próximo día soleado, pon el rociador de la manguera. Verás un arco iris en el agua.

En el salpicar de un bote que pasa rápidamente se puede ver un arco iris. Se puede ver un arco iris en una fuente.

Se puede ver un arco iris en una catarata.

Un arco iris, necesita luz y agua para formarse. Vemos un arco iris cuando el sol y la lluvia se encuentran en el cielo al mismo tiempo.

Los rayos del sol crean el arco
iris al brillar a través de las
gotas de lluvia.

El mejor momento para ver un arco iris es al atardecer de un día de verano. Cuando empieza a salir el sol hacia el final de un *temporal*.

Párate al aire libre de forma que el sol esté detrás de ti y la lluvia esté delante. Tal vez puedas divisar un arco iris en el cielo.

El arco iris se llama así porque tiene la forma del *arco* de un arco y una flecha.

Hace mucho tiempo, algunas personas pensaban que el arco iris era un puente o un camino de la tierra al cielo.

Visto desde la tierra, un arco iris parece curvo. Es así porque un arco iris forma parte de un círculo.

Si estuvieras en un avión, el arco iris podría verse como un círculo completo. Estarías en el punto del medio.

La luz siempre está viajando del sol a la tierra. La luz parece no tener color. Pero, en realidad, la luz se compone de muchos colores.

16

Puedes ver todos los colores de la luz con un *prisma*. Un prisma es un bloque transparente que tiene tres lados. Los prismas son de plástico o de vidrio.

La luz del sol pasa a través de un prisma. El prisma dispersa la luz. Descompone la luz en todos sus colores.

19

La luz del sol tiene los colores rojo, anaranjado, amarillo, verde, azul, *índigo* y violeta.

Una gota de lluvia dispersa la luz como un prisma. La luz del sol penetra en la gota de lluvia. Da contra el fondo de la gota y vuelve a salir. Sale *dividida* en todos sus colores.

23

Los colores de un arco iris son siempre iguales. El rojo está siempre en la curva superior del arco iris. El violeta está siempre en la parte inferior.

La luz del sol brilla a través de millones de gotas de lluvia en el cielo. Cada gota descompone la luz en los colores del arco iris.

Millones de gotas juntas forman
el arco iris que tú ves.

Cuando deja de llover, el arco iris comienza a desvanecerse. Entonces, ves un cielo claro y soleado.

Vocabulario avanzado

arco Un instrumento hecho con madera curva y una cuerda, que dispara flechas.

desvanecerse Desaparecer lentamente.

dividida Partida o cortada en partes.

índigo Un color que es una mezcla de azul y de violeta.

prisma Un bloque de vidrio o de plástico con caras de forma triangular que dispersan la luz.

temporal Una tormenta con nubes oscuras y mucha lluvia.

Índice

Los números en **negrilla** corresponden a páginas con ilustraciones.

With thanks to Nanci Vargus, Ed.D.,
and Beth Walker Gambro, reading consultants

Marshall Cavendish Benchmark
99 White Plains Road
Tarrytown, New York 10591-9001
www.marshallcavendish.us

Library of Congress Cataloging-in-Publication Data

Rau, Dana Meachen, 1971–
[Rainbows. Spanish]
El arco iris / de Dana Meachen Rau.
p. cm. – (Bookworms. Maravillas de la naturaleza)
Includes index.
ISBN 978-0-7614-2807-7 (spanish edition) – ISBN 978-0-7614-2669-1 (english edition)
1. Rainbow–Juvenile literature.
I. Title.
QC976.R2R3818 2007
551.56'7–dc22
2007012453

Spanish Translation and Text Composition by
Victory Productions, Inc.

Photo Research by Anne Burns Images

Cover Photo by *Corbis*/Royalty Free

The photographs in this book are used with permission and through the courtesy of:
Photo Researchers: pp. 1, 24 Michael P. Gadomski; p. 7 Michael Lustbader;
p. 10 Leonard Lee Rue III; p. 11 P. Jude; p. 19 Lawrence Lawry; p. 27 Gregory Ochocki;
p. 29 Kevin Schafer. *SuperStock*: p. 2; p. 5 Tom Murphy; p. 6 Ingram Publishing;
pp. 8, 12, 26 age fotostock; pp. 15, 23 Koji Kitagawa; p. 16 Brand X.
Corbis: p. 4 Michele Chaplow; p. 13 Galen Rowell. *Index Stock Imagery*: p. 20.

Printed in Malaysia
1 3 5 6 4 2